Doreen Blumhagen
Engy Ibrahim

Lapbooks gestalten im Englischunterricht Klassen 5/6

Fertig aufbereitete Faltvorlagen und passende Impulse
zu vier zentralen Lehrplanthemen

Bildquellen:

Faltvorlage 37: Karte United Kingdom © okili77 – Shutterstock.com

Faltvorlage 42: Big Ben © swisshippo – Fotolia.com
Trafalgar Square © Claudio Divizia – Shutterstock.com
The London Eye © slouankang – Fotolia.com
Tower Bridge © Oleksandr Tkachenko – Fotolia.com
Buckingham Palace © Oleksandr Tkachenko – Fotolia.com
Madame Tussauds © Bangkokhappiness – Shutterstock.com

Die Vorlagen auf CD sind optimiert für Microsoft Office 2007 SPXX basierend auf Windows 7®

Gedruckt auf umweltbewusst gefertigtem, chlorfrei gebleichtem und alterungsbeständigem Papier.

1. Auflage 2016
© 2016 Auer Verlag, Augsburg
AAP Lehrerfachverlage GmbH
Alle Rechte vorbehalten.

Covergestaltung: annette forsch konzeption und design, Berlin
Illustrationen: Steffi Aufmuth, Corina Beurenmeister, Julia Flasche, Carmen Hochmann, Steffen Jähde, Marion El-Khalafawi, Thorsten Trantow, Bettina Weyland
Satz: Typographie & Computer, Krefeld
Druck und Bindung: Kessler Druck + Medien, Bobingen
CD-Pressung: optimal media production GmbH, Röbel/Müritz
ISBN 978-3-403-**07750**-3
www.auer-verlag.de

*Sämtliche Materialien auf der CD-ROM können bearbeitet und somit auf andere Themen des Englischunterrichts übertragen werden. Sie wurden für die Verwendung in Microsoft Word 2000 und 2010 optimiert.
Zusätzlich erhalten Sie sämtliche Materialien im PDF-Format.

Didaktisch-methodische Hinweise zur Arbeit mit einem Lapbook

Kurzbeschreibung der Methode

Lapbooks sind individuelle Portfolios, die zum selbstständigen Erarbeiten verschiedenster Themen aus der amerikanischen Homeschool-Bewegung hervorgegangen sind. Dabei setzen sich die Schüler[1] bastelnd und schreibend mit einem Thema auseinander.

Ein „Lapbook" ist gerade so groß, dass es der Schüler auf seinen Schoß (engl. lap) legen kann. Es handelt sich dabei um eine interaktive Mappe, in der die Lern- und Arbeitsergebnisse der Schüler gesammelt und dokumentiert werden.

Das Besondere ist, dass es sich bei einem Lapbook um eine mehrfach aufklappbare Entdeckermappe zu einem bestimmten Thema handelt. Die darin enthaltenen Minibücher decken jeweils ein Teilthema ab und müssen erst aufgeklappt, durchgeblättert oder gedreht werden, bevor die jeweiligen Informationen lesbar werden. Durch diese Präsentationsform wird die Neugier beim Lesenden geweckt, mehr über das Thema zu erfahren.

Wichtig: Für die Gestaltung eines Lapbooks müssen Sie mindestens sechs Unterrichtsstunden einplanen.

Vorteile eines Lapbooks

Die besondere Gestaltungsform eines Lapbooks ist für die Schüler während des Entstehungsprozesses und als Endergebnis besonders motivierend.

Bei der selbstständigen Erarbeitung und Gestaltung der Minibücher setzen sich die Schüler mit einem Thema vertiefend auseinander. Dabei können sie Inhalte durch die Wahl der Minibücher zusätzlich betonen und interpretieren.

Lapbooks eignen sich sehr gut für den inklusiven Unterricht. Durch verschiedene Impulse bzw. interessenbezogene Aufgabenstellungen erhalten die Schüler die Möglichkeit, ihr Thema individuell und differenziert zu erarbeiten. Sie können sich Teilthemen aussuchen bzw. selbst überlegen und diese nach ihren eigenen Vorstellungen als Minibuch gestalten. Vorgegebene Impulse können leicht mit eigenen Ideen kombiniert werden.

Die besondere Gestaltung eines Lapbooks ermöglicht, viele Informationen zu einem Thema platzsparend zu dokumentieren. Auf DIN-A4-Größe gefaltet, kann es im Gegensatz zum üblichen Plakat im Hefter aufbewahrt werden.

Fertiggestellte Lapbooks eignen sich sehr gut zum individuellen Lernen und Wiederholen des erarbeiteten Themas: Die Lösungen sind zunächst verdeckt. Die Schüler nennen ihr Wissen und überprüfen dieses eigenständig durch das Öffnen des Minibuches. Außerdem können Spiele zum Üben, z. B. Domino oder Memory®, leicht integriert und aufbewahrt werden.

Benötigtes Material

Für die Lapbookhülle benötigt jedes Team bzw. jeder Schüler einen einfarbigen DIN-A3-Tonkarton und ein ebenfalls einfarbiges DIN-A4-Blatt.

Die Minibücher entstehen mithilfe verschiedener Faltvorlagen, die den Schülern kopiert zur Verfügung gestellt werden. In dieser Unterrichtshilfe finden Sie dafür 48 verschiedene Faltvorlagen mit erklärenden Faltanleitungen. Die Schüler können jedoch auch eigene Minibücher entwerfen.

Für die Gestaltung des Lapbooks benötigen die Schüler nur wenig Zusatzmaterial. Dazu gehören Leim, Schere sowie verschiedene Bunt- und Schreibstifte, die jeder Schüler selbst besitzen sollte.

Kopieren Sie die Faltvorlagen auf etwas stärkeres Papier, z. B. 100 g/m², erhöhen sich Stabilität und Lebensdauer des Lapbooks. Gleichzeitig wird die Handhabung der Vorlagen für die Schüler erleichtert.

Zusatzmaterial

Zusätzlich kommen manchmal Klebeband, Musterklammern, ein Locher oder ein Heftgerät mit Heftklammern zum Einsatz. Diese können z. B. in einem Schuhkarton aufbewahrt werden, aus dem sich die Schüler bedienen dürfen.

Zur Aufbewahrung der bereits gestalteten Minibücher, die noch nicht in das Lapbook geklebt wurden, bietet sich eine Prospekthülle an. In

---

1 Aufgrund der besseren Lesbarkeit ist in diesem Buch mit Schüler immer auch die Schülerin gemeint, ebenso verhält es sich mit Lehrer und Lehrerin etc.

dieser kann am Ende das fertiggestellte Lapbook in den Hefter eingefügt werden.

Für die selbstständige Erarbeitung eines Themas benötigen die Schüler verschiedene Informationen. Dafür sollten im Klassenzimmer Englisch-Wörterbücher, Sachtexte, Lexika, Bilder, Schulbücher, ein PC mit Internetanschluss etc. zur Verfügung gestellt werden. Auch eine vorbereitende Hausaufgabe zum Sammeln und Recherchieren von Informationen ist denkbar.

Einsatzmöglichkeiten

Thematisch können Lapbooks zu jedem Sach- und Wortschatzthema sowie Merkstoff, aber auch zu Interpretations- und Übungsaufgaben gestaltet werden. Sie können in Einzel-, Partner oder Gruppenarbeit entstehen. Für den Einsatz bieten sich verschiedene Phasen des Unterrichts an:

Am Ende einer Stunde gestalten die Schüler ein Minibuch für ihr Lapbook als Ergebnissicherung des behandelten Teilthemas. In der nächsten Stunde wird dann ein weiteres Minibuch zum Unterrichtsthema erstellt, bis das Lapbook vollständig ist.

Es ist auch möglich, dass ein Lapbook über einen längeren Zeitraum als Nachschlagewerk für Merkstoff entsteht. Wichtiges Fachwissen wird in jeweils einem Minibuch festgehalten. Bei Bedarf können die Schüler im Unterricht nachschlagen und auf das Wissen zurückgreifen.

Die Schüler erarbeiten ein Thema selbstständig als individuelles Projekt. Sie sammeln Informationen, erarbeiten wichtige Inhalte und dokumentieren ihre Ergebnisse in einem Lapbook. Als Hilfestellung können Teilthemen und Impulse vorgegeben werden.

In einer Lerntheke oder einem Stationentraining werden Aufgabenstellungen für unterschiedliche Minibücher vorgegeben. Die Schüler können zwischen Pflicht- und Wahlaufgaben wählen.

Für das Lapbook werden verschiedene Minibücher mit Lernübungen zu einem bestimmten Thema gebastelt. Diese werden immer wieder im Unterricht zur Wiederholung und Übung eingesetzt.

Präsentationsmöglichkeiten

Für die Präsentation eines Lapbooks bieten sich hauptsächlich zwei Vorgehensweisen an:

Die fertiggestellten Lapbooks werden im Klassenzimmer auf Tischen ausgelegt und in einem Museumsrundgang von den Schülern betrachtet. Nach einer vorgegebenen Zeit werden die Tische gewechselt und die Schüler haben die Möglichkeit, weitere Lapbooks zu entdecken. Es bietet sich an, bei jedem Lapbook ein Schreibblatt auszulegen, auf dem die Betrachter dem Besitzer Fragen bzw. Kommentare zu seinem Lapbook notieren können. Für die Einschätzung können die Schüler außerdem vor Ort auf einem Blatt jeweils für Gestaltung und Inhalt eine vorher festgelegte Höchstanzahl von Punkten (z. B. 3 = sehr gut, 2 = gut, 1 = befriedigend) vergeben.

Alternativ ist eine mündliche Präsentation der Lapbooks möglich. Diese erfolgt am besten in Partner- oder Gruppenarbeit, bei der die Zuhörenden die einzelnen Elemente auch „ausprobieren" können. Bei der gemeinsamen Betrachtung haben sie die Möglichkeit, Fragen an den Ersteller des Lapbooks zu stellen.

Ein mündlicher Vortrag vor der gesamten Klasse sollte nach Möglichkeit im Sitzkreis erfolgen, damit die Einzelelemente von allen gut gesehen bzw. von Einzelnen ausprobiert werden können.

Bewertungsmöglichkeiten

Für die Bewertung eines Lapbooks bietet sich eine prozess- und ergebnisorientierte Bewertung an. Die Kriterien sollten den Schülern vor Beginn der Arbeitsphase erklärt werden, um eine transparente Bewertung zu ermöglichen. Anhand dieser Kriterien können die Schüler ihr Ergebnis zunächst selbst einschätzen und bei Bedarf verändern.

Als Kriterien bieten sich das Arbeitsverhalten, die Gestaltung, der Inhalt, eine mögliche Präsentation und die Selbstreflexion an. Dabei sollte auch an die Einbeziehung besonderer Leistungen gedacht werden. Diese können z. B. eigene inhaltliche oder gestalterische Ideen bei der Erarbeitung oder Präsentation, aber auch ein vorbildliches Arbeitsverhalten sein, wenn Schüler sich beispielsweise ohne Aufforderung gegenseitig helfen.

Didaktisch-methodische Hinweise zum Materialteil

Im Materialteil dieser Handreichung finden Sie neben didaktisch-methodischen Hinweisen insgesamt 48 Faltanleitungen und Impulskarten zu vier verschiedenen Themen des Englischunterrichts der Klassenstufen 5 und 6:

- Me and my little world
- All about the year
- At school
- Very British

Die dazugehörigen Faltvorlagen (Minibücher) finden Sie auf der beiliegenden CD-ROM, einmal aufbereitet für o. g. Themen und einmal blanko. Zusätzlich erhalten Sie in digitaler Form sämtliche Impulskarten und Faltanleitungen sowie Bewertungsbögen. So können Sie sämtliche Materialien nach Ihren Wünschen abändern und auf andere Themen des Lehrplans übertragen.

Methodensteckbrief: Lapbook

Der Methodensteckbrief macht die Schüler mit der Methode und Vorgehensweise bei der Erstellung eines Lapbooks vertraut. Er gibt ihnen eine Orientierung, in welcher Reihenfolge sie vorgehen sollen und welches Material sie benötigen.

Es bietet sich an, den Methodensteckbrief auf DIN A3 zu vergrößern und im Klassenzimmer auszuhängen. Alternativ können Sie den Methodensteckbrief im Klassensatz kopieren. In den Unterlagen der Schüler eingeheftet, können diese im Bedarfsfall nachschlagen.

Tipp:
Ein fertiggestelltes Lapbook zu einem beliebigen Thema macht die Schüler mit der Präsentationsform vertraut und motiviert sie, ein eigenes Lapbook zu gestalten. Es kann sich dabei auch um leere Minibücher handeln.

Themenspezifische Impulskarten

Zu jedem Thema erhalten Sie zwölf Impulsaufgaben zu einem typischen Sprechanlass des Englischunterrichts.

Mithilfe der Impulse erweitern Ihre Schüler ihren Wortschatz und ihr grammatisches Wissen und wenden diese auf alltägliche Situationen an. Sie äußern sich schriftlich und zusammenhängend zu den verschiedenen Teilthemen. Nach der Gestaltung können die Schüler Vokabeln und Grammatik durch das Auf- und Zuklappen der Minibücher memorieren und festigen. Außerdem dienen die Bücher als Sprechanlass und zum gemeinsamen Austausch über die einzelnen Themen.

Für die Gestaltung ihres Lapbooks haben die Schüler die Möglichkeit, mindestens acht der zwölf Impulse interessendifferenziert auszuwählen und zu bearbeiten.

Für den mehrmaligen Einsatz ist es empfehlenswert, die Impulskarten zu laminieren und in einem DIN-A6-Karteikasten aufzubewahren. Je nach Klassenstärke bzw. Teamanzahl kann es notwendig sein, die Impulskarten mehrfach anzubieten.

Faltanleitungen

Die Faltanleitungen sind Karten im Format DIN A5 mit je einer Bastelanleitung und Fotos für ein Minibuch. Es bietet sich an, diese Karten für den langfristigen Einsatz zu laminieren und in einer DIN-A5-Karteibox aufzubewahren. Aus dieser können sich die Schüler bei Bedarf die entsprechende Faltanleitung holen.

Tipp:
Für Schüler, die noch keine Erfahrung mit Minibüchern haben, bietet es sich an, die Vorlagen als Anschauungsbeispiel (ohne Inhalt) vorzubasteln. Diese können auf die Rückseite der Faltanleitungen geklebt werden. So können die Schüler einschätzen, wie das Minibuch am Ende aussehen soll. Außerdem fällt es den Schülern leichter, passende Vorlagen für ihre Inhalte auszuwählen.

Faltvorlagen

Auf der CD-ROM finden Sie alle vorgestellten Faltvorlagen der vier Beispielthemen zum Ausdrucken und sofortigen Einsatz. Zusätzlich haben Sie die Möglichkeit, die Blankoversionen der Faltvorlagen in der veränderbaren Word-Datei für andere Unterrichtsthemen zu bearbeiten und vorzubereiten.

Wenn Ihre Schüler mit der Gestaltung von Lapbooks vertraut sind, können Sie ihnen auch die Blanko-Faltvorlagen zur Verfügung stellen. Die Schüler erarbeiten sich dann vorgegebene Schwerpunkte des Themas, wählen eigenverantwortlich passende Minibücher aus und entwerfen individuelle Lapbooks.

Die benötigten Faltvorlagen werden kopiert und im Klassenraum zur Verfügung gestellt. Dafür bieten sich z. B. Stapelboxen oder Prospekthüllen an, in die die Vorlagen einsortiert werden. Die Prospekthüllen können ausgelegt werden oder in einem Ordner abgeheftet sein.

In welcher Anzahl die jeweiligen Vorlagen kopiert werden sollten, hängt von der gewählten Einsatzvariante ab. Sollen die Schüler eines der durch Impulse gesteuerten Lapbooks dieser Handreichung gestalten, muss jede Faltvorlage im Klassensatz bzw. in Gruppenanzahl zur Verfügung gestellt werden.

Haben die Schüler die Möglichkeit, Vorlagen frei auszuwählen, genügen fünf bis zehn Kopien für jede Variante.

Bewertungsbögen

Auf der beiliegenden CD-ROM finden Sie zwei Bewertungsbögen mit Vorschlägen für die Einschätzung eines Lapbooks, das allein oder im Team gestaltet wurde, in deutscher Sprache sowie einen Bewertungsbogen in englischer Sprache. Die Bewertung erfolgt zunächst durch die Schüler selbst, indem sie in der ersten Spalte ankreuzen, ob sie die Kriterien erfüllt haben. Anschließend haben sie die Möglichkeit, noch entsprechende Änderungen an ihrem Lapbook vorzunehmen. In der zweiten Spalte kreuzen Sie Ihre Einschätzung an. Auf diese Weise ist die Bewertung genau nachvollziehbar.

Die Bewertungsbögen sind allgemein gehalten und können bei jedem beliebigen Thema eingesetzt werden. Nach Wunsch können Sie die Bewertungsbögen auch auf das individuelle Thema anpassen.

Tipps:

- Geben Sie den Schülern den Bewertungsbogen bereits vor der Erarbeitung und Gestaltung des Lapbooks. So wissen sie genau, was erwartet und bewertet wird.
- Der Bewertungsbogen kann auf die Rückseite des Lapbooks geklebt werden.

Methodensteckbrief: Lapbook

Was ist ein Lapbook?

In einem Lapbook schreibst du deine Arbeitsergebnisse zu einem beliebigen Thema in verschiedene Minibücher und sammelst diese in einer aufklappbaren Mappe.

Welches Material benötigst du?

- Musterklammern zum Befestigen von beweglichen Minibüchern
- ein farbiges DIN-A4-Papier
- einen einfarbigen DIN-A3-Tonkarton
- verschiedene Stifte, z. B. Füller, Bunt-, Faser-, Wachsmalstifte
- Klebestift und Schere
- Heftgerät
- eine Prospekthülle zum Aufbewahren deiner Minibücher
- Faltvorlagen für verschiedene Minibücher, die du in dein Lapbook einklebst

Wie faltest du dein Lapbook?

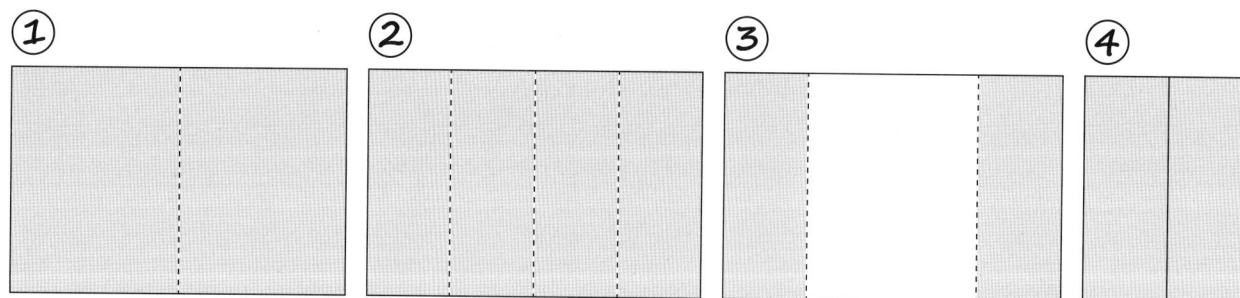

① Falte einen farbigen DIN-A3-Tonkarton in der Mitte und wieder zurück.

② Falte beide Enden zur gefalteten Mittellinie und wieder zurück.

③ Klebe ein farbiges DIN-A4-Papier in die Mitte.

④ Klappe die beiden äußeren Seiten deines Lapbooks zu. Deine Sammelmappe ist fertig.

Wie kannst du die Titelseite deines Lapbooks gestalten?

- Gestalte die Titelseiten mit Bildern und Zeichnungen passend zum Thema.
- Vergiss nicht, deinen Namen, deine Klasse, das Unterrichtsfach und das Thema deines Lapbooks auf die Außenklappen zu schreiben.

Wie gestaltest du Minibücher für dein Lapbook?

- Wähle dir Faltvorlagen für Minibücher aus, in die du deine Arbeitsergebnisse zum Thema schreibst.
- Ordne deine gestalteten Minibücher in deinem Lapbook an und klebe sie fest.

D. Blumhagen/E. Ibrahim: Lapbooks gestalten im Englischunterricht Klassen 5/6
© Auer Verlag

Vorspann

Didaktisch-methodische Hinweise

Mit diesem Lapbook erstellen die Schüler eine individuelle Entdeckermappe über ihre eigene Person sowie ihre direkte Umwelt. Sie äußern sich über ihre Familie, ihre Hobbys, ihr Zuhause und ihre Zukunftsvorstellungen. Die Impulse regen die Schüler dazu an, ihren Wortschatz zu dieser Thematik zu erweitern und sich schriftlich mit den verschiedenen Teilthemen zu beschäftigen. Vorgegebene Beispiele, Bilder und Satzstrukturen helfen ihnen bei der Formulierung. Aufgrund der Thematik sollte das Lapbook von den Schülern in Einzelarbeit gestaltet werden. Der Einsatz dieses Lapbooks ist ab der zweiten Schuljahreshälfte der Klasse 5 möglich.

Material aus dieser Handreichung

- Faltvorlagen 1–12 (CD-ROM)
- Faltanleitungen 1–12
- Impulskarten 1–12

Benötigtes Zusatzmaterial

- 1 farbiger DIN-A3-Tonkarton je Schüler
- 1 Prospekthülle je Schüler zur Aufbewahrung der fertigen Minibücher
- 1 Musterklammer je Schüler
- Heftgerät mit Heftklammern
- Wörterbücher bzw. Lehrbücher mit Seiten zur Thematik
- vom Schüler als Hausaufgabe mitzubringen: Porträtfoto für die Titelseite, Fotos zu verschiedenen Lebensbereichen (z. B. Familienmitglieder, Lieblingsessen, Hobbys, Wohnung …)

Impulse

Die Schüler wählen acht der zwölf Impulse aus, die sie für ihr Lapbook gestalten wollen. Schnelle Schüler können weitere Impulse bearbeiten oder sich eigene Minibücher überlegen und gestalten.

Impulskarte 1: My hobbies

Faltvorlage 1: Flip-Flap-Buch

What is your favourite hobby?

Write the name of your favourite hobby in the middle of the minibook. You can also draw a picture of it.

Answer the questions in your minibook onto the back side.

Impulskarte 2: When I'm 20

Faltvorlage 2: Ausziehtasche

How will you look like when you are 20 years old?

Draw a picture of yourself at the age of 20 into the picture frame (= *Bilderrahmen*).

Write sentences about your future onto the lines:
- What would you like to study?
- Where would you like to live: in the countryside or in a big city?
- Would you like to get married and have kids?
- What would you like to become? (job)
- What would you like to buy? (house, villa, car…)

Start your sentences with "I would like to …" when you speak about your future plans.

Impulskarte 3: Home, sweet home

Faltvorlage 3: Leporello-Pfeil

How does your home look like?

Read the questions carefully and then answer them onto the back side of your minibook.

Impulskarte 4: My free time

Faltvorlage 4: Dreiecksblüte

How do you spend your free time?

Write short sentences onto the back side of the triangles:
- What do you do in your free time when you are alone?
- How do you spend your free time with your family and friends?

D. Blumhagen/E. Ibrahim: Lapbooks gestalten im Englischunterricht Klassen 5/6
© Auer Verlag

Lapbook „Me and my little world"

Impulskarte 5: My happy family

Faltvorlage 5: Sprechblasenfächer

Write about your family members.

On the front side of the bubbles, stick in pictures of your family members and write down who they are.

On the back side of the bubbles, write sentences about them:

- What are their names?
- How old are they?
- What do they like?
- What don't they like?

Remember: "He, she, it – das -s muss mit!" We say: "She doesn't like …"

Impulskarte 6: Taking care of myself

Faltvorlage 6: Register

How do you take care of yourself?

Look at the different pictures and write a sentence to each picture to answer the question.

Impulskarte 7: All about myself

Faltvorlage 7: Stufenbuch

Introduce yourself.

Fill in the missing information about yourself on the different pages of the book:

- Colour your thumbs and make fingerprints.
- Colour in the pictures.
- Complete the information.

Impulskarte 8: Yet I'm a sunshine

Faltvorlage 8: Sternenblume mit acht Zacken

You have many good sides and you can do a lot of good things.

On the front side, colour four triangles green. On the back side of these triangles, write the things you like about yourself.
Examples: I'm clever/helpful/kind/hard-working.

Colour the other triangles yellow. On the back of these triangles, write down your weaknesses (= *Schwächen*).
Examples: I'm slow/messy/annoying/lazy.

Impulskarte 9: My favourite things

Faltvorlage 9: Hexagon-Leporello

What makes you happy?

Complete the sentences about things you like.

Give reasons why you like them on the back side. You can start your sentences like this: "I like… because…"

Impulskarte 10: Important information

Faltvorlage 10: Einfaches Flip-Flap

Here is some information you might need when you fill in documents.

Fill in the information on the back side of every strip.

Impulskarte 11: Body parts quiz

Faltvorlage 11: Kreuz

How good are you at quizzes?

Read the riddles about the different body parts and write the answers onto the back side.

You may like to draw a picture of each body part onto the front side as well.

Impulskarte 12: My recipe

Faltvorlage 12: Buch mit Geheimklappen

What is your favourite kind of food?

Write the name of your favourite kind of food into the first minibook on the front cover. Draw or stick in pictures of it in the middle of the book.

On the front cover of the second minibook, write down the ingredients (= what you need to cook it). Draw or stick in pictures of them in the middle of the book.

Explain in short sentences how you would cook it. Example: Mix flour and butter together.

You can also use the Internet to get help.

D. Blumhagen / E. Ibrahim: Lapbooks gestalten im Englischunterricht Klassen 5/6
© Auer Verlag

Didaktisch-methodische Hinweise

Mit diesem Lapbook erarbeiten und üben die Schüler grundlegenden Wortschatz rund um die Thematik des Jahres. In den einzelnen Minibüchern setzen sie sich mit der Uhrzeit, dem Datum, den Wochentagen, Monaten und Jahreszeiten auseinander und schreiben eigene Texte über jahreszeitenbezogene Aktivitäten, Kleidung, Feiern und Wetterbedingungen.

Die Gestaltung des Lapbooks ist als Einzel-, Partner- oder Gruppenarbeit möglich. Aufgrund vorgegebener Formulierungshilfen und einfacher Zuordnungsaufgaben ist der Einsatz bereits mit Beginn der Klasse 5 möglich.

Material aus dieser Handreichung

- Faltvorlagen 13–24 (CD-ROM)
- Faltanleitungen 13–24
- Impulskarten 13–24

Benötigtes Zusatzmaterial

- 1 farbiger DIN-A3-Tonkarton je Schüler bzw. Team
- 1 Prospekthülle je Schüler bzw. Team zur Aufbewahrung der fertigen Minibücher
- 1 Musterklammer je Schüler bzw. Team
- Heftgerät mit Heftklammern
- Englischwörterbuch

Impulse

Die Schüler wählen acht der zwölf Impulse aus, die sie für ihr Lapbook gestalten wollen. Schnelle Schüler können weitere Impulse bearbeiten oder sich eigene Minibücher überlegen und diese gestalten.

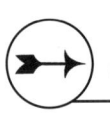

Impulskarte 13: Days of the week

Faltvorlage 13: Drehscheibe

Write the days of the week onto the wheel in the right order.

Remember: Days of the week start with a capital letter. Write "Monday", "Tuesday"…

Write a short sentence about each day.
Example: Monday is my favourite day.

Remember: Use the preposition "on" for days of the week.
Example: On Friday I have karate training.

Impulskarte 14: Months of the year

Faltvorlage 14: Sternenbrief

Write the months of the year into the right order in the middle of your minibook.

Remember: Months of the year begin with a capital letter.

Then use colouring pencils to colour the months according to the seasons:

- winter: blue
- spring: green
- summer: yellow
- autumn: orange

Impulskarte 15: The four seasons

Faltvorlage 15: Schmetterlings-Flip-Flap

Look at the different pictures. Write the correct name next to each picture.

Onto the front side, write the name of the season.

These words can help you: sand castle, pumpkin (= *Kürbis*), rainbow, sledge (= *Schlitten*), butterfly (= *Schmetterling*), sunflower, Easter egg, scarecrow (= *Vogelscheuche*).

Impulskarte 16: My favourite season

Faltvorlage 16: Doppelte Herzklappe

Write the name of your favourite season on the heart.

Answer the following questions in short sentences onto the back of the heart.

- Why do you like it?
- What do you like to do during this season?

D. Blumhagen / E. Ibrahim: Lapbooks gestalten im Englischunterricht Klassen 5/6
© Auer Verlag

Lapbook „All about the year"

D. Blumhagen/E. Ibrahim: Lapbooks gestalten im Englischunterricht Klassen 5/6
© Auer Verlag

Impulskarte 17: The four seasons

Faltvorlage 17: Einstecktasche

There are four seasons in the year. During each season there are special things that we eat, see, wear, celebrate or do.

Draw a picture for every season onto the front side of the cards. Onto the back side, write sentences about every season.

Remember: Use the preposition "in" when you write about the seasons.

Examples: In winter I like to… In summer we celebrate… In autumn we eat… In spring we wear…

Impulskarte 18: What's the weather like today?

Faltvorlage 18: Faltblume

Look at the pictures and write down the correct word under each picture.

Onto the back side, write what you would do, eat, wear or need on such a day.

Impulskarte 19: What is missing?

Faltvorlage 19: Wolkenfächer

How good is your general knowledge? Let's test it.

Read the sentences in your minibook and fill in the missing word or words on the back side.

Remember: We use "a" before words that start with a consonant, e.g. a day, a week.
We use "an" before words that start with a vowel (a, e, i, o, u), e.g. an apple.
"Hour" is an irregular word: an hour.

Impulskarte 20: Seasons and clothes

Faltvorlage 20: Viererklappe mit Guckloch

We need different clothes for each of the different seasons.

Write the topic "Clothes" into the free space in the middle of your minibook.

Onto the back side of every season, write what clothes you usually wear during this time of the year.

Into the middle on the top, write which of these clothes you can wear during all seasons.

At the bottom you can draw or cut out and stick in pictures of different clothes.

Impulskarte 21: Telling the time

Faltvorlage 21: Schmale Tasche mit Einsteckkarten

What's the time?

Look at the German times and then write their English translations onto the back side of the cards.

Remember: "Halb sechs" is "half past five" in English.

You add "a.m." for a time in the morning and "p.m." for a time in the afternoon.

These expressions can help you:

● half past…
● quarter to…
● quarter past…
● …o'clock

Impulskarte 22: Important dates

Faltvorlage 22: Briefumschlag

Think about the important dates this year.

Into the middle of your book, write full dates. Explain how these days are special. Then read your notes out loud to your partner.

Remember: First we write the weekday, then the day, the month and the year, e.g. Wednesday, 31st January, 2017.

And this is how to say it: Today is Wednesday, the thirty-first of January, 2017.

These words can help you: Christmas Eve, Easter, day of christening (= *Tauftag*), Pentecost (= *Pfingsten*).

Impulskarte 23: My weather report

Faltvorlage 23: 12-Seiten-Buch

Watch the weather during the next days. Write a weather report for the next week into your minibook.

On each side of your minibook, fill in the information about the actual weather: the date, the temperature and its general description. Use a weather thermometer to measure the accurate temperature.

Write the date this way: Monday, 18th January, 2017.

Impulskarte 24: Senses and seasons

Faltvorlage 24: Vierblättrige Blüte

Draw matching (= *passende*) pictures onto the cover of your minibook.

Onto the back side, write everything that you can see, hear, feel, taste, smell or even things that you can't see, hear, feel, taste or smell on such a day.

Example: On a sunny day I can see the sun. I can eat ice cream. I can't hear the rain.

D. Blumhagen/E. Ibrahim: Lapbooks gestalten im Englischunterricht Klassen 5/6
© Auer Verlag

Didaktisch-methodische Hinweise

Mit diesem Lapbook erweitern und üben die Schüler grundlegenden Wortschatz und grammatisches Wissen rund um das Lebensumfeld Schule. Neben Vokabelübungen formulieren sie Sätze zum Kontext. In den Minibüchern setzen sie sich mit ihrem eigenen Schulalltag, den Schulfächern, aber auch mit Schulregeln und Personen in der Schule auseinander. Der Vergleich des deutschen mit dem britischen und amerikanischen Schulsystem wird für leistungsstarke Schüler angeregt. Die Gestaltung des Lapbooks ist als Einzel-, Partner- oder Gruppenarbeit ab dem zweiten Halbjahr der Klasse 5 möglich.

 ## Material aus dieser Handreichung

- Faltvorlagen 25 – 36 (CD-ROM)
- Faltanleitungen 25 – 36
- Impulskarten 25 – 36

 ## Benötigtes Zusatzmaterial

- 1 farbiger DIN-A3-Tonkarton je Schüler bzw. Team
- 1 Prospekthülle je Schüler bzw. Team zur Aufbewahrung der fertigen Minibücher
- 1 Kalender je Schüler bzw. Team
- Heftgerät mit Heftklammern
- Englischwörterbuch
- PC mit Internetanschluss für Rechercheaufgabe

 ## Impulse

Die Schüler wählen acht der zwölf Impulse aus, die sie für ihr Lapbook gestalten wollen. Schnelle Schüler können weitere Impulse bearbeiten oder sich eigene Minibücher überlegen und gestalten.

D. Blumhagen/E. Ibrahim: Lapbooks gestalten im Englischunterricht Klassen 5/6
© Auer Verlag

Impulskarte 25: School holiday

Faltvorlage 25: Kalenderklappe

Use a marker. Mark all the school holidays on a calendar, each holiday with a different colour.

Write the names of these holidays in your minibook.

Explain what you usually do during each holiday.

Impulskarte 26: My helping hands

Faltvorlage 26: Klappbuch Hände

Everyone needs help. Especially pupils sometimes need a lot of help to be successful at school.

Onto the front side of your minibook, draw pictures of people or things that help you.

Into the inside of your minibook, write short sentences about the help you get.
Example: Sleeping early helps to be fit the next day.

Did you know that the English expression "to give someone a hand" means to help them and not to shake hands?

Impulskarte 27: School friends

Faltvorlage 27: Figuren-Leporello

School friends are very special friends; you spend nearly as much time with them as with your family.

Onto the front side of your minibook, draw the features (= Merkmale) and clothes of your best friends at school.

On the back side write their names and describe your friends in a few words. Say what you like about them.
Example: Description: My friend is thin/short/tall...
Character: He/She is helpful/kind/honest/brave/clever...

Remember: You say "tall" for people and "long" for objects.

Impulskarte 28: My school day

Faltvorlage 28: Zweifaches Klappbuch

What do you do on a school day? How does your day start and how does it end?

Onto the back of the minibook, write short sentences about what you usually do at these times of the day.

Remember: The time is either at the beginning or at the end of a sentence, but not in the middle.
Example: At night I sleep./I sleep at night.

D. Blumhagen/E. Ibrahim: Lapbooks gestalten im Englischunterricht Klassen 5/6
© Auer Verlag

D. Blumhagen / E. Ibrahim: Lapbooks gestalten im Englischunterricht Klassen 5/6
© Auer Verlag

Impulskarte 29: Schools in other countries

Faltvorlage 29: Flügeltür

What do you know about schools in England or in the United States?

Look for information about school systems in other countries on the Internet.

- What are the different types of schools?
- How many years are obligatory (= *verpflichtend*)?
- Do the pupils wear a school uniform?
- When do they have holidays?

Write the information you've got about schools in England and in the United States onto the right side on the back of your minibook. Into the middle, write the things that are the same in Germany.

Impulskarte 30: My timetable

Faltvorlage 30: Verschlossener Brief

How many lessons do you have every day? Which lessons have you got?

Choose two days from your timetable. In the middle of your minibook, describe them in full sentences. Start with the day, then add the school subject and the time.

Remember: Subjects start with a capital letter, e. g. Maths.

For the days of the week we use the preposition "on", for the time we use the preposition "at".
Example: On Mondays, I have two Maths lessons at half past nine.

Impulskarte 31: School rules

Faltvorlage 31: Doppelte Ausziehtasche

Do you know your school rules?

Here are some school rules in English and in German.

Read both lists carefully and then match the German sentences with the English ones. Write the correct number into the brackets (= *Klammern*).

Impulskarte 32: My school

Faltvorlage 32: Taschenquiz

Do you like your school and your classroom?

Answer the questions about your school in short sentences.

Onto the back of the cards, you can draw pictures to illustrate your answers.

Impulskarten 33: School subjects

Faltvorlage 33: Kreisleporello

What are your school subjects?

Write the names of different school subjects into the circles.
Colour your favourite subject green and then explain why it is your favourite subject on the back side.

Colour the subjects that you don't like red and then explain the reason on the back side.

Remember: Subjects start with a capital letter, e. g. Maths.

Impulskarte 34: School clubs

Faltvorlage 34: Drei-Seiten-Buch

Which school clubs have you got at your school?
Do you participate at (= *teilnehmen an*) any of them?

Write the names of four different school clubs onto the front side.

Then answer the questions.

Impulskarte 35: School things

Faltvorlage 35: Doppelter Streichholzbrief

What is in your school bag?

Onto the back of your minibook, write a list of everything you need in your school bag and in your pencil case.

Into the middle of the minibook, you can draw and colour in pictures from your list.

Impulskarte 36: How do you get to school?

Faltvorlage 36: Streichholzbriefe

Answer the questions in full sentences on the back of your minibooks.

You can draw a picture of the means of transport onto the front side.

Remember: For means of transport we use "by" and not "with",
e. g. go by bus or by train.
Exception: We say "on foot".

D. Blumhagen / E. Ibrahim: Lapbooks gestalten im Englischunterricht Klassen 5/6
© Auer Verlag

Lapbook „At school"

Didaktisch-methodische Hinweise

Dieses Lapbook bietet den Schülern Anregungen, sich mit verschiedenen Themen rund um Großbritannien zu beschäftigen. Neben sprachlichen Besonderheiten erwerben sie landeskundliches Wissen über Politik, Wirtschaft, Kultur und Geografie. Auch sprachliche Besonderheiten werden thematisiert.

Die Aufgabenstellungen regen die Schüler dazu an, sich selbstständig die notwendigen Informationen im Internet oder aus Sachbüchern anzulesen und in einem Minibuch umzusetzen.

Die Gestaltung des Lapbooks ist als Einzel-, Partner- oder Gruppenarbeit möglich. Aufgrund der offenen Rechercheaufgaben ist der Einsatz erst ab dem zweiten Halbjahr der 6. Klasse zu empfehlen.

 Material aus dieser Handreichung

- Faltvorlagen 37–48 (CD-ROM)
- Faltanleitungen 37–48
- Impulskarten 37–48

 Benötigtes Zusatzmaterial

- 1 farbiger DIN-A3-Tonkarton je Schüler bzw. Team
- 1 Prospekthülle je Schüler bzw. Team zur Aufbewahrung der fertigen Minibücher
- Heftgerät mit Heftklammern
- 1 Musterklammer je Schüler bzw. Team
- Englischwörterbuch
- PC mit Internetanschluss für Rechercheaufgaben
- Sachbücher über Großbritannien

 Impulse

Die Schüler wählen acht der zwölf Impulse aus, die sie für ihr Lapbook gestalten wollen. Schnelle Schüler können weitere Impulse bearbeiten oder sich eigene Minibücher überlegen und gestalten.

D. Blumhagen/E. Ibrahim: Lapbooks gestalten im Englischunterricht Klassen 5/6
© Auer Verlag

Impulskarte 37: Where on earth?

Faltvorlage 37: Pop-Up

How good at geography are you?

Look at the different countries in your minibook. Fill in the names of these countries (1–5).

You can use the Internet or your atlas.

Impulskarte 38: Popular British food

Faltvorlage 38: Recherchefächer

Find three different typically British main courses, desserts and drinks. Write them onto your lists.

You can draw pictures or stick in pictures as well.

You can use the Internet or a British cookbook.

Impulskarte 39: Famous Britons

Faltvorlage 39: Minitafeln

The following personalities have occupied (= *belegen*) the top ten places among the 100 Greatest Britons in a BBC questionnaire.

Write their names into the right minibook: Sir Winston Churchill, Isambard Kingdom Brunel, Diana – Princess of Wales, Charles Darwin, William Shakespeare, Sir Isaac Newton, Queen Elizabeth I, John Lennon, Horatio Nelson, Oliver Cromwell.

Find photos of these famous Britons on the Internet and stick them into your minibook.

Impulskarte 40: British money

Faltvorlage 40: Diagonales Leporello

What is the British currency? Can you pay in euros in Great Britain? How much are they?

Look at the different objects in your minibook. On the back side write the answers in full sentences. Example: The book is six pounds thirty.

Remember: pounds = £, pence = p, GBP = Great Britain Pound

D. Blumhagen / E. Ibrahim: Lapbooks gestalten im Englischunterricht Klassen 5/6
© Auer Verlag

Lapbook „Very British"

D. Blumhagen/E. Ibrahim: Lapbooks gestalten im Englischunterricht Klassen 5/6
© Auer Verlag

Impulskarte 41: Facts about England

Faltvorlage 41: Vierfach-Klappe

Did you know that England is part of the United Kingdom? What else do you know about England?

Onto the back of your minibook, write about England's major products, its currency, population and climate.

You can use the Internet or a lexicon.

Impulskarte 42: London sights

Faltvorlage 42: Doppeltes Flip-Flap

London is the capital of the United Kingdom. Do you know its famous sights?

In your minibook you will find different pictures of London's sights: The London Eye, Buckingham Palace, Trafalgar Square, Elizabeth Tower, Madame Tussauds, Tower Bridge. Write the correct name under the right picture.

Onto the back side, write about the sights. Example: The London Eye is a huge wheel.

You can use the Internet or a lexicon.

Impulskarte 43: General information

Faltvorlage 43: Faltquadrat

Many people mix up England, Great Britain, Britain and the United Kingdom. What does Great Britain consist of? What is the difference between Great Britain and Britain?

In your minibook there are some important questions that will help you understand what Great Britain and the United Kingdom are. Answer them on the back side of your minibook.

You can use the Internet.

Impulskarte 44: Afternoon tea and high tea

Faltvorlage 44: Gemeinsamkeiten und Unterschiede

Afternoon tea and high tea are a part of British culture. What do you know about them?

Onto the left side at the back of your minibook, write about afternoon tea; onto the right side, write about high tea. Answer the following questions:

● What is it?
● When is it served?
● What can you eat or drink with it?

Into the middle of the back side, write what both have in common (= *miteinander gemeinsam haben*).

Impulskarte 45: Weather idioms

Faltvorlage 45: Dreieckstasche mit Dreiecksklappen

There are a lot of English idioms about the weather.

Write the correct idioms on top of the triangles. The pictures will help you.

- It's a storm in a teacup.
- I'm feeling a bit under the weather.
- Every cloud has a silver lining.
- It's raining cats and dogs.

Inside the minibook you'll find the meanings of the idioms. Fill in the correct words: angry, bad, good, heavily, important, raining, sick, well.

Impulskarte 46: The UK flags

Faltvorlage 46: Flaggen-Fächer

Did you know that there are different flags for the different countries of the United Kingdom?

Under each flag write the name of the country.

Colour the flags in the right colours.

At the back of each flag, write something about the flag or the country.
Example: There is a dragon on the Welsh flag.

Impulskarte 47: British sports

Faltvorlage 47: Faltkreis

Which sports do the British like to do? For most of them you need a ball.

Write some of these sports around the circle.

Into the circle, shortly write about one of these sports.
Example: We need a bat and a tennis ball to play tennis.

These words can help you: bat (= *Tischtennisschläger*), goal (= *Tor*), goalkeeper, pitch (= *Feld*), referee (= *Schiedsrichter*), whistle (= *Pfeife*), racket (= *Badminton-/Tennisschläger*), net.

Impulskarte 48: Christmas in Great Britain

Faltvorlage 48: Register mit sechs Seiten

Is Christmas in Great Britain the same as in Germany?

Write down all you know about Christmas in Great Britain. Answer the questions in your minibook.

You can use the Internet.

D. Blumhagen / E. Ibrahim: Lapbooks gestalten im Englischunterricht Klassen 5/6
© Auer Verlag

Faltanleitung 1: Flip-Flap-Buch

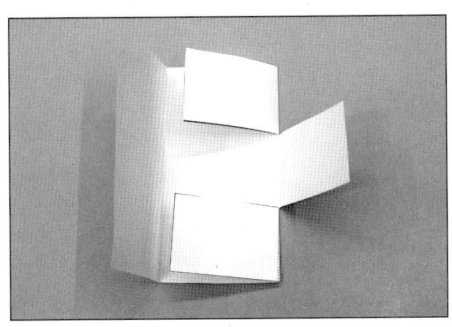

① Schneide die Vorlage an der dünnen schwarzen Linie aus.

② Schneide die dicken schwarzen Linien ein.

③ Falte die kleinen Klappen an den gestrichelten Linien nach innen.

④ Falte nun die Titelseite an der gestrichelten Linie nach innen.

⑤ Klebe das Flip-Flap-Buch mit der Rückseite auf eine beliebige Stelle deines Lapbooks.

Faltanleitung 2: Ausziehtasche

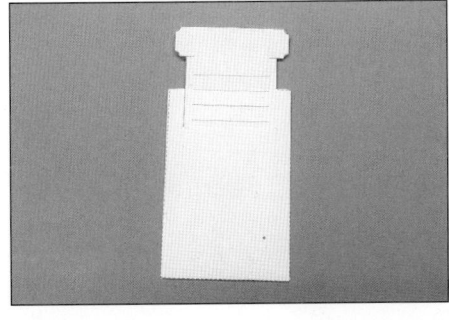

① Schneide die Tasche an der schwarzen Linie aus.

② Ritze die dicke schwarze Linie mit Lineal und Schere ein, sodass ein Schlitz entsteht.

③ Falte die Klebeflächen an der gestrichelten Linie nach hinten und klebe die Tasche zusammen.

④ Schneide den Auszug an der schwarzen Linie aus.

⑤ Stecke den Auszug in den Schlitz der Tasche. Biege den Auszug dazu ein wenig, ohne ihn zu falten.

⑥ Klebe die Tasche mit der Rückseite auf dein Lapbook.

D. Blumhagen / E. Ibrahim: Lapbooks gestalten im Englischunterricht Klassen 5/6
© Auer Verlag

Faltanleitung 3: Leporello-Pfeil

① Schneide den Pfeil an der schwarzen Linie aus.

② Falte den Pfeil an den gestrichelten Linien wie eine Ziehharmonika ab-wechselnd nach hinten und vorne zusammen. Es soll am Ende nur noch die Pfeilspitze zu sehen sein.

③ Klebe den Pfeil mit der angegebenen Klebefläche auf eine beliebige Stelle deines Lapbooks.

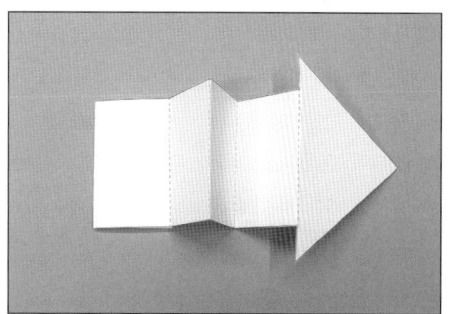

Faltanleitung 4: Dreiecksblüte

① Schneide das große Dreieck an der schwarzen Linie aus.

② Falte die Klappen an der gestrichelten Linie nacheinander nach hinten. Achte darauf, dass die Titelseite zu sehen ist, wenn alle Ecken eingeklappt sind.

③ Klebe die Dreiecksblüte mit der ange-gebenen Klebefläche auf eine beliebige Stelle deines Lapbooks.

D. Blumhagen / E. Ibrahim: Lapbooks gestalten im Englischunterricht Klassen 5/6
© Auer Verlag

Faltanleitung 5: Sprechblasenfächer

✚ **Du brauchst zusätzlich:**
1 Musterklammer

① Schneide die Sprechblasen an der schwarzen Linie aus.

② Lege die Sprechblasen aufeinander. Die Titelseite liegt oben.

③ Stich mit einem spitzen Bleistift oder einer Schere an der markierten Stelle ein Loch durch alle Sprechblasen.

④ Verbinde die Sprechblasen mit einer Musterklammer zu einem Fächer. Die Musterklammer muss sich frei bewegen können.

⑤ Klebe die hinterste Sprechblase mit der Rückseite auf eine beliebige Stelle deines Lapbooks.

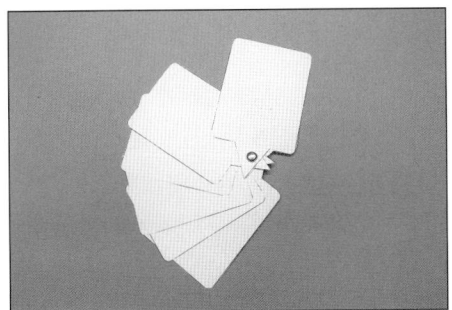

Faltanleitung 6: Register

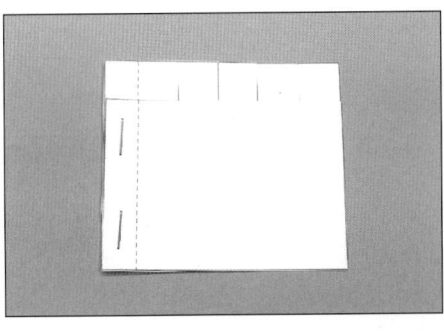

✚ **Du brauchst zusätzlich:**
Heftgerät mit Heftklammern

① Schneide die Titelseite und alle fünf Registerkarten jeweils an der schwarzen Linie aus.

② Lege die Registerkarten in der richtigen Reihenfolge hintereinander.

③ Klammere die Karten mit dem Heftgerät an den beiden dicken schwarzen Linien zusammen.

④ Klebe die Rückseite der letzten Registerkarte auf eine beliebige Stelle deines Lapbooks.

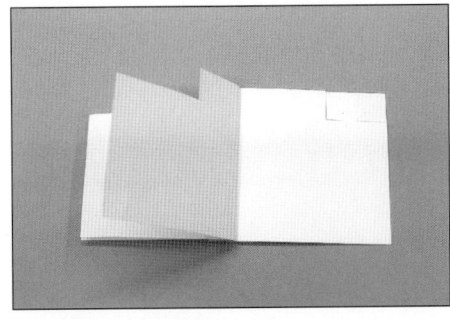

D. Blumhagen/E. Ibrahim: Lapbooks gestalten im Englischunterricht Klassen 5/6
© Auer Verlag

Faltanleitung 7: Stufenbuch

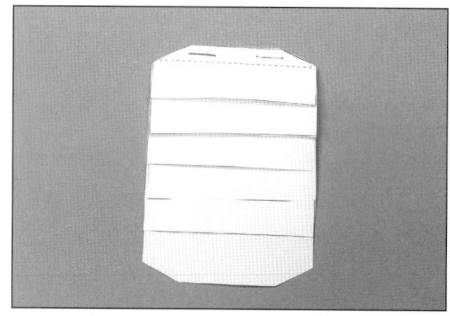

① Schneide die Vorlagen jeweils an der schwarzen Linie aus.

② Lege die Seiten in der vorgegebenen Reihenfolge übereinander. Die größte Seite ist die letzte, die kleinste Seite ist die erste.

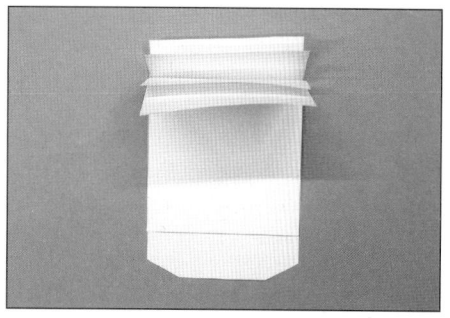

③ Verbinde die Seiten mit einem Heftgerät an den auf Seite 1 angegebenen Stellen.

④ Klebe das Stufenbuch mit der Rückseite der letzten Seite auf eine beliebige Stelle deines Lapbooks.

Faltanleitung 8: Sternenblume mit acht Zacken

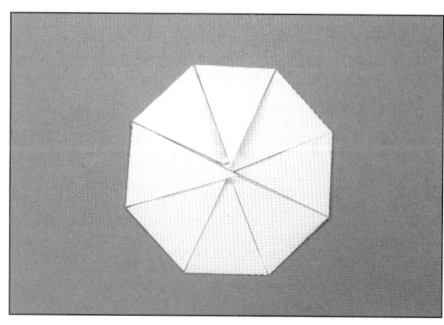

① Schneide den Stern an der schwarzen Linie aus.

② Falte alle Zacken an der gestrichelten Linie zur Mitte.

③ Klebe den Stern mit der Rückseite auf eine beliebige Stelle deines Lapbooks.

D. Blumhagen/E. Ibrahim: Lapbooks gestalten im Englischunterricht Klassen 5/6
© Auer Verlag

Faltanleitung 9: Hexagon-Leporello

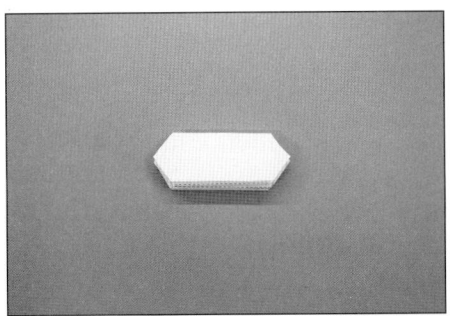

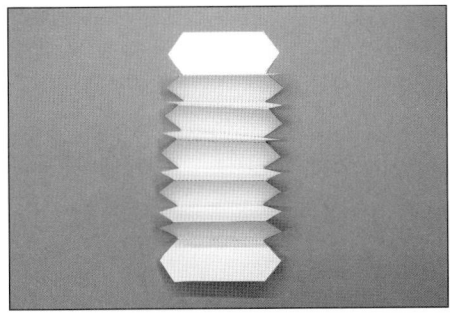

① Schneide beide Vorlagen jeweils an der schwarzen Linie aus.

② Klebe beide Teile an der angegebenen Klebefläche zusammen.

③ Falte die Hexagons an den gestrichelten Linien abwechselnd nach hinten und nach vorne. Am Ende soll nur noch das Hexagon mit dem Titel zu sehen sein.

④ Klebe das Leporello mit der Rückseite des letzten Hexagons auf eine beliebige Stelle deines Lapbooks.

Faltanleitung 10: Einfaches Flip-Flap

① Schneide die Vorlage an der schwarzen Linie aus.

② Schneide die dicken schwarzen Linien ein.

③ Falte die einzelnen Klappen nach hinten.

④ Klebe das Flip-Flap mit der Seitenlasche auf eine beliebige Stelle deines Lapbooks.

D. Blumhagen / E. Ibrahim: Lapbooks gestalten im Englischunterricht Klassen 5/6
© Auer Verlag

Faltanleitung 11: Kreuz

① Schneide die Kreuzvorlage an der schwarzen Linie aus.

② Falte alle gestrichelten Linien in die Mitte des Kreuzes.

③ Knicke die Vierecke alle zur Mitte des Kreuzes, sodass nur noch die Titelseite zu sehen ist.

④ Klebe das Faltkreuz mit der Rückseite auf eine beliebige Stelle deines Lapbooks.

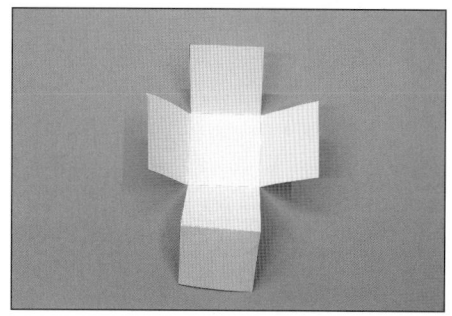

Faltanleitung 12: Buch mit Geheimklappen

✛ **Du brauchst zusätzlich:**
Heftgerät mit Heftklammern

① Schneide alle Vorlagen an der schwarzen Linie aus.

② Falte alle drei Innenseiten an der gestrichelten Linie nach hinten und lege sie aufeinander.

③ Lege die Titelseite genau auf die Innenseiten.

④ Verbinde alle Seiten mit einer Heftklammer an der auf dem Titelblatt angegebenen Stelle.

⑤ Klebe das Buch mit der Rückseite der letzten Seite auf eine beliebige Stelle deines Lapbooks.

D. Blumhagen / E. Ibrahim: Lapbooks gestalten im Englischunterricht Klassen 5/6
© Auer Verlag

Faltanleitung 13: Drehscheibe

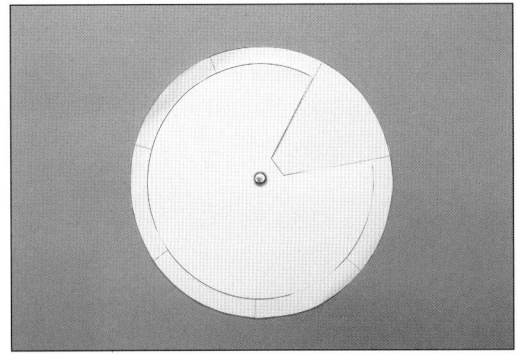

✚ **Du brauchst zusätzlich:**
1 Musterklammer

① Schneide beide Kreise an der schwarzen Linie aus.

② Lege den kleinen Kreis mit dem Mittelpunkt auf den des größeren Kreises.

③ Stich am schwarzen Punkt mit einem spitzen Bleistift durch beide Kreise.

④ Verbinde beide Kreise mit einer Musterklammer, sodass du den kleinen Kreis drehen kannst.

⑤ Klebe die Rückseite des großen Kreises auf eine beliebige Stelle deines Lapbooks. Achte darauf, dass du die Musterklammer nicht mit festklebst, damit sie sich frei bewegen kann.

Faltanleitung 14: Sternenbrief

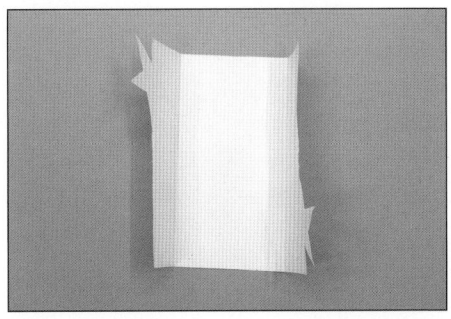

① Schneide die Vorlage an der schwarzen Linie aus.

② Falte die beiden Klappen an der gestrichelten Linie nach außen.

③ Stecke die eine Seitenhälfte unter die andere, sodass beide Sterne komplett zu sehen sind.

④ Klebe den Brief mit der angegebenen Klebefläche auf eine beliebige Stelle deines Lapbooks.

D. Blumhagen/E. Ibrahim: Lapbooks gestalten im Englischunterricht Klassen 5/6
© Auer Verlag

Faltanleitung 15: Schmetterlings-Flip-Flap

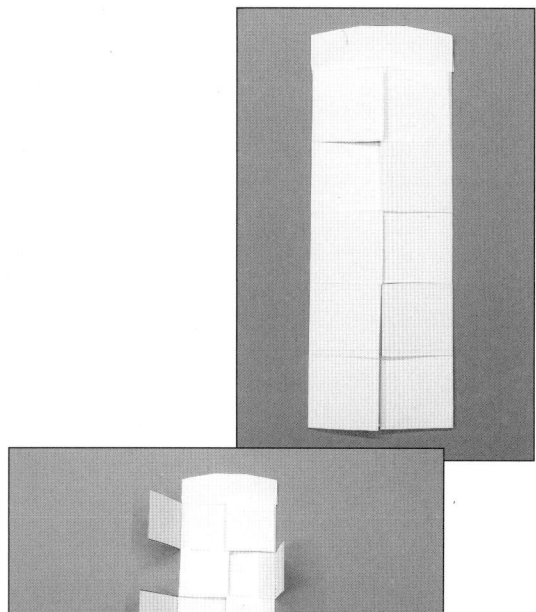

① Schneide die Vorlage an der schwarzen Linie aus.

② Schneide die Klappen an den dicken Linien ein und falte sie an den gestrichelten Linien nach innen.

③ Klebe das Schmetterlings-Flip-Flap mit der Rückseite auf eine beliebige Stelle deines Lapbooks.

Faltanleitung 16: Doppelte Herzklappe

① Schneide die Herzen an der schwarzen Linie aus.

② Falte zuerst die Herzen an der Oberkante nach hinten.

③ Falte nun die beiden Herzen in der Mitte zusammen, sodass das Herz mit dem Titel oben und das Herz mit der Klebefläche unten liegt.

④ Klebe das Herz mit der angegebenen Klebefläche auf eine beliebige Stelle deines Lapbooks.

D. Blumhagen / E. Ibrahim: Lapbooks gestalten im Englischunterricht Klassen 5/6
© Auer Verlag

Faltanleitung 17: Einstecktasche

① Schneide die Einstecktasche an der schwarzen Linie aus.

② Falte alle Klebeflächen an den gestrichelten Linien der Tasche nach hinten.

③ Klebe die beiden angegebenen Klebeflächen an die Rückseite der Tasche.

④ Schneide die Einsteckkarten an den schwarzen Linien aus und stecke diese in die Tasche.

⑤ Klebe die Tasche mit der Rückseite auf eine beliebige Stelle deines Lapbooks.

Faltanleitung 18: Faltblume

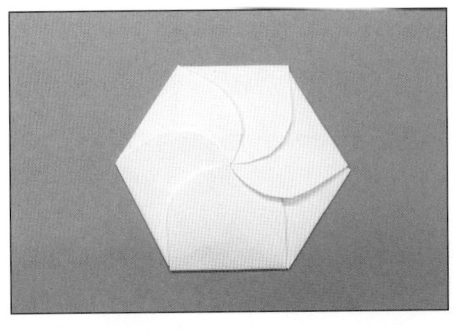

① Schneide die Vorlage an der schwarzen Linie aus.

② Falte die Blütenblätter der Reihe nach an den gestrichelten Linien nach innen.

③ Schiebe das letzte Blütenblatt unter das erste, sodass die Blume verschlossen ist.

④ Klebe die geschlossene Blume mit der Rückseite auf eine beliebige Stelle deines Lapbooks.

D. Blumhagen/E. Ibrahim: Lapbooks gestalten im Englischunterricht Klassen 5/6
© Auer Verlag

Faltanleitung 19: Wolkenfächer

✛ **Du brauchst zusätzlich:**
1 Musterklammer

① Schneide die Wolken an den schwarzen Linien aus.

② Lege die Wolken aufeinander. Die Titelseite liegt oben.

③ Stich mit einem spitzen Bleistift oder einer Schere auf der linken Seite ein Loch durch alle Wolken.

④ Verbinde die Wolken mit einer Musterklammer zu einem Fächer.

⑤ Klebe die hinterste Wolke mit der Rückseite auf eine beliebige Stelle deines Lapbooks. Achte darauf, dass die Musterklammer nicht mit festgeklebt wird.

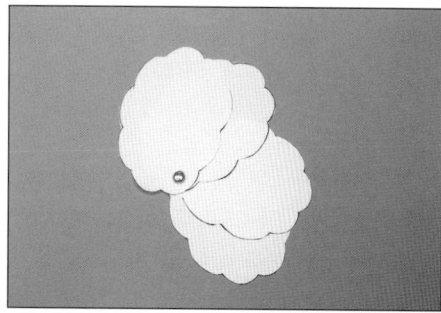

Faltanleitung 20: Viererklappe mit Guckloch

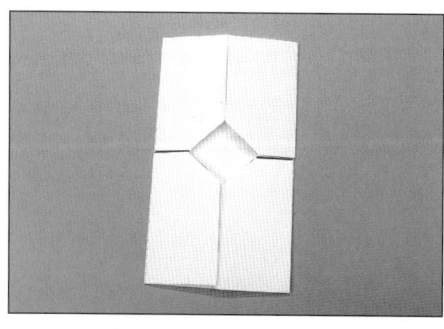

① Schneide die Vorlage an der schwarzen Linie aus.

② Schneide die beiden dicken schwarzen Linien ein.

③ Falte die Klappen an den gestrichelten Linien nach außen.

④ Klebe dein Klappbuch mit der Klebefläche auf eine beliebige Stelle deines Lapbooks.

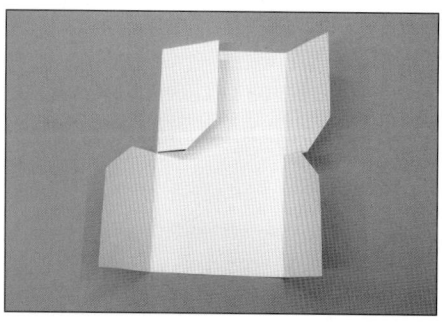

D. Blumhagen / E. Ibrahim: Lapbooks gestalten im Englischunterricht Klassen 5/6
© Auer Verlag

Faltanleitung 21: Schmale Tasche mit Einsteckkarten

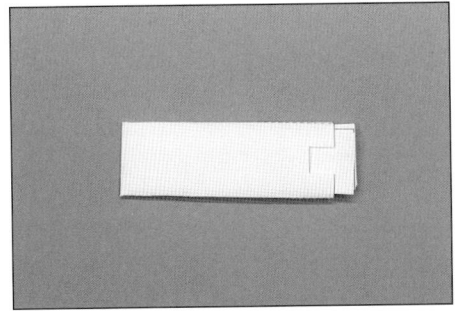

① Schneide die Tasche an der schwarzen Linie aus.

② Falte die große Klebefläche an der gestrichelten Linie nach hinten.

③ Falte die beiden schmalen Klebeflächen nach hinten und klebe sie auf den Rückseiten der Tasche fest.

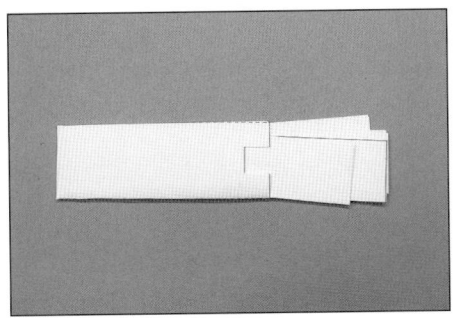

④ Schneide die Einsteckkarten an den schwarzen Linien aus.

⑤ Stecke die Karten in die Tasche. Du kannst sie auch mit einer Heftklammer verbinden oder am Rand zusammenkleben.

⑥ Klebe die Tasche mit der angegebenen Klebefläche auf eine beliebige Stelle deines Lapbooks.

Faltanleitung 22: Briefumschlag

① Schneide den Umschlag an der schwarzen Linie aus.

② Ritze die dicke schwarze Linie vorsichtig mit Lineal und Schere ein, sodass ein Schlitz entsteht.

③ Falte das rechte und das linke Dreieck nach innen.

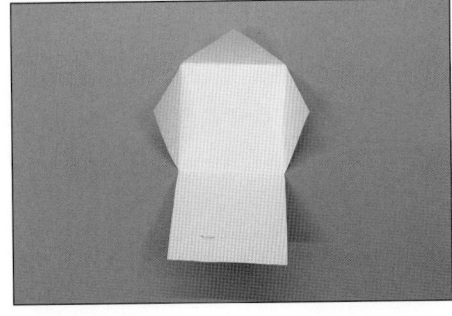

④ Falte das Quadrat nach oben.

⑤ Falte zuletzt das einzelne Dreieck nach unten und stecke die Spitze in den Schlitz.

⑥ Klebe den Briefumschlag mit der Rückseite auf eine beliebige Stelle deines Lapbooks.

D. Blumhagen / E. Ibrahim: Lapbooks gestalten im Englischunterricht Klassen 5/6
© Auer Verlag

Faltanleitung 23: 12-Seiten-Buch

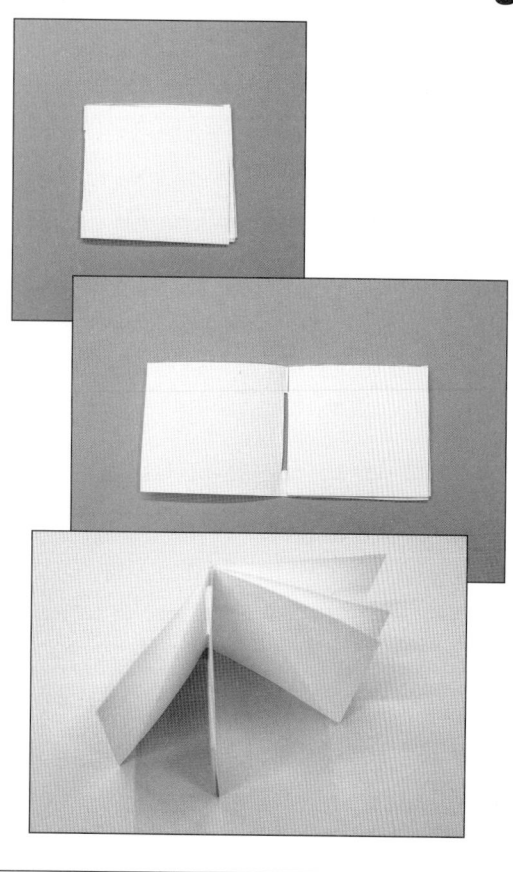

① Schneide die Vorlagen jeweils an der schwarzen Linie aus. Falte sie an der gestrichelten Linie.

② Schneide danach bei der ersten Vorlage den anhand der schwarzen Linie markierten Schlitz aus.

③ Schneide die beiden anderen Vorlagen an den dicken schwarzen Linien von oben und unten ein.

④ Lege die von oben und unten eingeschnittenen Vorlagen aufeinander.

⑤ Stecke sie durch den Schlitz der anderen, sodass die eingeschnittenen Stellen in der Mitte des Buches sind.

⑥ Klebe das Buch mit der Rückseite auf eine beliebige Stelle deines Lapbooks.

Faltanleitung 24: Vierblättrige Blüte

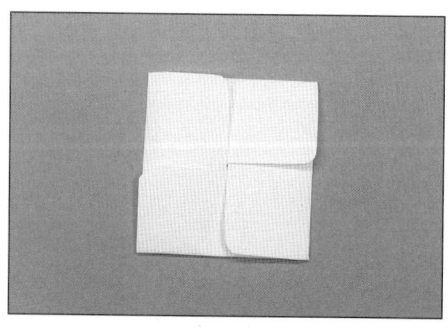

① Schneide die Vorlage an der schwarzen Linie aus.

② Falte die Blütenblätter der Reihe nach an den gestrichelten Linien nach innen.

③ Schiebe das letzte Blütenblatt unter das erste, sodass die Blume verschlossen ist.

④ Klebe die geschlossene Blume mit der Rückseite auf eine beliebige Stelle deines Lapbooks.

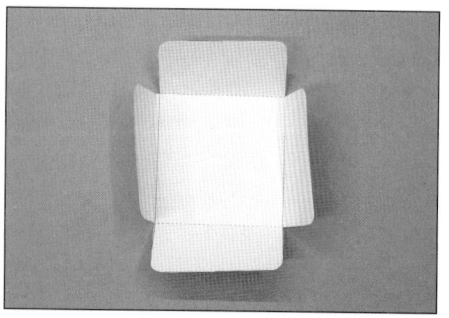

D. Blumhagen / E. Ibrahim: Lapbooks gestalten im Englischunterricht Klassen 5/6
© Auer Verlag

Lapbook „All about the year"

Faltanleitung 25: Kalenderklappe

① Schneide die Kalenderklappe an der schwarzen Linie aus.

② Falte die Vorlage an der gestrichelten Linie.

③ Schreibe deine Ergebnisse zum Impuls in die Innenseite der Kalenderklappe und gestalte die Titelseite.

④ Klebe die Kalenderklappe auf eine beliebige Stelle deines Lapbooks.

Faltanleitung 26: Klappbuch Hände

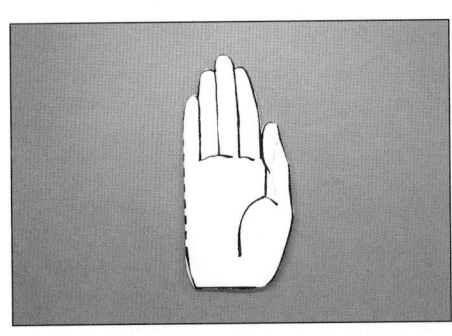

① Schneide das Klappbuch an der schwarzen Linie aus.

② Falte die Vorlage an der gestrichelten Linie.

③ Klebe die Hand mit der Klebefläche auf eine beliebige Stelle deines Lapbooks.

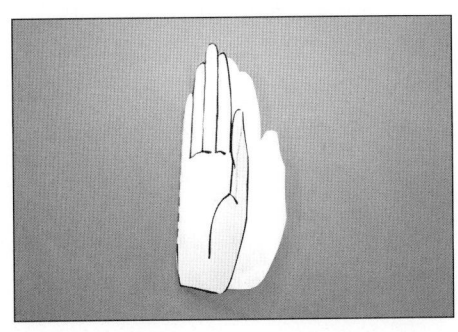

D. Blumhagen / E. Ibrahim: Lapbooks gestalten im Englischunterricht Klassen 5/6
© Auer Verlag

Faltanleitung 27: Figuren-Leporello

① Schneide die Figuren an der schwarzen Linie aus. Achte darauf, dass sie zusammenbleiben.

② Falte die Figuren an den gestrichelten Linien abwechselnd nach hinten und nach vorn.

③ Klebe die letzte Figur mit der angegebenen Klebefläche auf eine beliebige Stelle deines Lapbooks.

Faltanleitung 28: Zweifaches Klappbuch

① Schneide die Vorlage an der schwarzen Linie aus.

② Schneide die beiden dicken Linien ein.

③ Falte die Vorlage an der gestrichelten Mittellinie zusammen.

④ Falte die Seiten an den gestrichelten Linien nach vorn und zurück.

⑤ Klebe die beiden mittleren Quadrate aufeinander, sodass sich die Seitenklappen noch öffnen lassen.

⑥ Klebe dein Minibuch mit der angegebenen Klebefläche auf eine beliebige Stelle deines Lapbooks.

D. Blumhagen / E. Ibrahim: Lapbooks gestalten im Englischunterricht Klassen 5/6
© Auer Verlag

Faltanleitung 29: Flügeltür

① Schneide die Vorlage an der schwarzen Linie aus.

② Falte beide Klappen an den gestrichelten Linien nach hinten.

③ Klebe die Flügeltür mit der angegebenen Klebefläche auf eine beliebige Stelle deines Lapbooks.

Faltanleitung 30: Verschlossener Brief

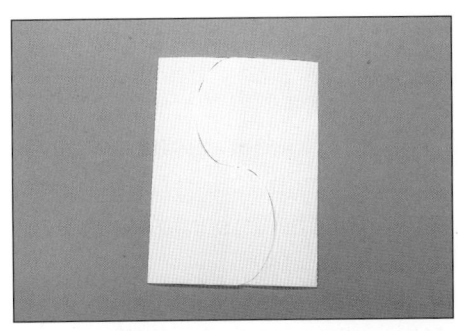

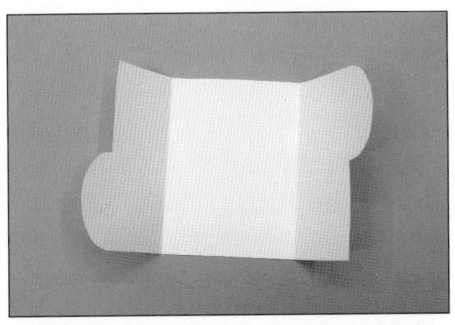

① Schneide die Vorlage an der schwarzen Linie aus.

② Falte die beiden Außenklappen an der gestrichelten Linie nach hinten.

③ Verschränke die beiden Klappen miteinander, sodass der Brief verschlossen ist.

④ Klebe den Brief mit der angegebenen Klebefläche auf eine beliebige Stelle deines Lapbooks.

D. Blumhagen/E. Ibrahim: Lapbooks gestalten im Englischunterricht Klassen 5/6
© Auer Verlag

Faltanleitung 31: Doppelte Ausziehtasche

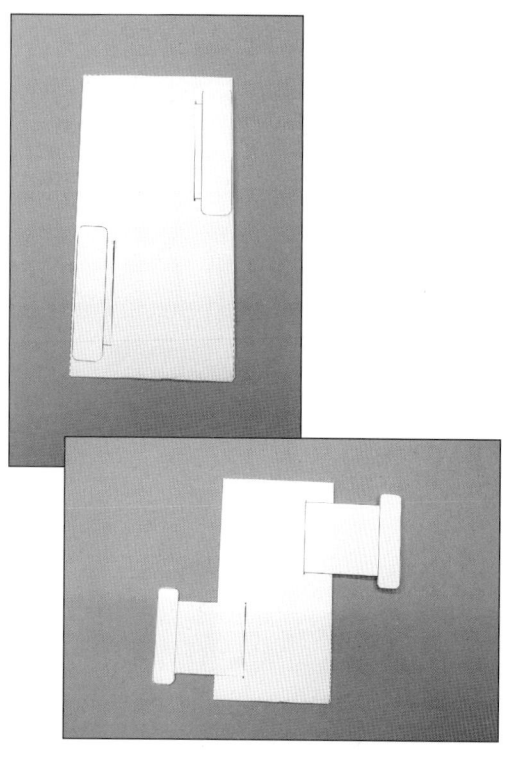

① Schneide die Tasche an der schwarzen Linie aus.

② Ritze die dicken schwarzen Linien mit Lineal und Schere ein, sodass Schlitze entstehen.

③ Falte die Klebeflächen an den gestrichelten Linien nach hinten und klebe die Tasche zusammen.

④ Schneide die Auszüge aus.

⑤ Stecke jeweils einen Auszug in einen Schlitz der Tasche. Biege den Auszug dazu ein wenig, ohne ihn zu falten.

⑥ Klebe die Tasche mit der Rückseite auf dein Lapbook.

Faltanleitung 32: Taschenquiz

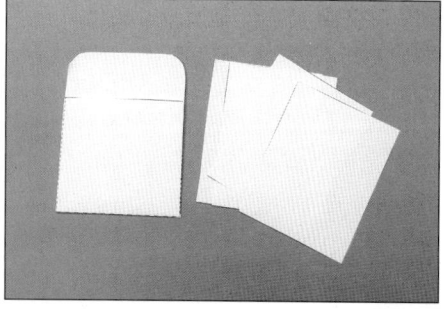

① Schneide die Tasche an der schwarzen Linie aus.

② Falte alle Klebeflächen an den gestrichelten Linien nach hinten und klebe sie zu einer Tasche zusammen.

③ Schneide die Karten an den schwarzen Linien aus.

④ Stecke die Karten in die Tasche.

⑤ Klebe die Tasche mit der angegebenen Klebefläche auf eine beliebige Stelle deines Lapbooks.

D. Blumhagen / E. Ibrahim: Lapbooks gestalten im Englischunterricht Klassen 5/6
© Auer Verlag

Lapbook „At school"

Faltanleitung 33: Kreisleporello

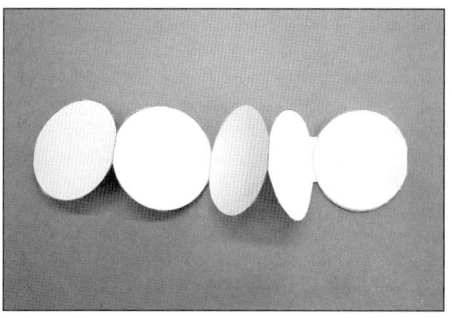

① Schneide beide Vorlagen an der schwarzen Linie aus.

② Klebe Teil 1 und Teil 2 an der angegebenen Klebefläche zusammen.

③ Falte die Kreise an den gestrichelten Linien wie eine Ziehharmonika zusammen. Am Ende soll nur noch ein Kreis zu sehen sein.

④ Klebe das Leporello mit der Rückseite des letzten Kreises in dein Lapbook.

Tipp: Du kannst dein Leporello leicht kürzen, indem du Kreise abschneidest.

Faltanleitung 34: Drei-Seiten-Buch

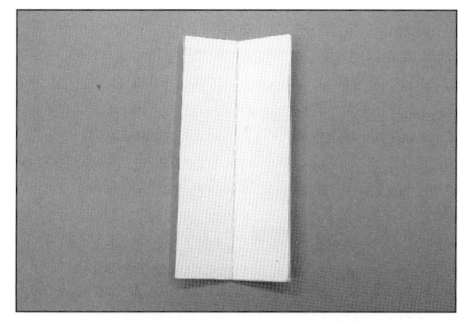

① Schneide die drei Rechtecke an den schwarzen Linien aus.

② Falte die Rechtecke an den gestrichelten Linien nach innen.

③ Klebe auf die linke Rückseite des Titelbildes die rechte Rückseite des ersten Rechteckes.

④ Klebe auf die rechte Rückseite des Titelbildes die linke Rückseite des zweiten Rechteckes.

⑤ Falte so, dass die Titelseite oben liegt, die beiden anderen Seiten kannst du nach links oder rechts öffnen.

⑥ Klebe die beiden freien Rückseiten der linken und rechten Seite auf dein Lapbook.

D. Blumhagen/E. Ibrahim: Lapbooks gestalten im Englischunterricht Klassen 5/6
© Auer Verlag

Faltanleitung 35: Doppelter Streichholzbrief

① Schneide die Vorlage an der schwarzen Linie aus.

② Schneide die dicke schwarze Linie ein.

③ Falte zuerst die beiden Klappen an der gestrichelten Linie nach innen.

④ Falte nun die schmale Klappe über die beiden Klappen.

⑤ Klebe den Streichholzbrief mit der angegebenen Klebefläche auf eine beliebige Stelle deines Lapbooks.

Faltanleitung 36: Streichholzbriefe

① Schneide die Vorlagen jeweils an der schwarzen Linie aus.

② Falte beide Klappen an den gestrichelten Linien nach hinten. Die kleinere soll über der größeren Klappe sein.

③ Klebe die Streichholzbriefe mit der angegebenen Klebefläche auf eine beliebige Stelle deines Lapbooks.

D. Blumhagen/E. Ibrahim: Lapbooks gestalten im Englischunterricht Klassen 5/6
© Auer Verlag

Faltanleitung 37: Pop-Up

① Schneide das Pop-Up-Buch an der dünnen schwarzen Linie aus und falte es an der dicken gestrichelten Linie.

② Schneide die dicken schwarzen Linien ein.

③ Öffne das Buch und ziehe die eingeschnittene Lasche nach vorn.

④ Schneide die Titelseite aus und klebe sie außen auf das Buch.

⑤ Schneide die Bildfläche aus und klebe sie auf die angegebene Klebefläche im Buch.

⑥ Schließe das Pop-Up. Achte darauf, dass das Bild flach liegt. Klebe das Pop-Up-Buch mit der Rückseite auf dein Lapbook.

Faltanleitung 38: Recherchefächer

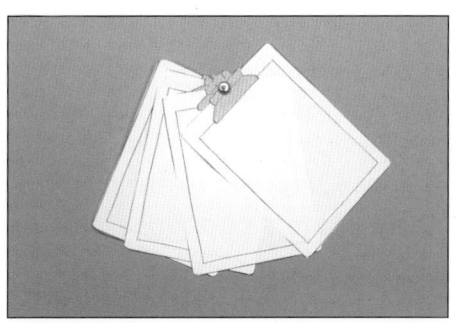

✛ **Du brauchst zusätzlich:**
1 Musterklammer

① Schneide die Klemmbretter an den äußeren schwarzen Linien aus.

② Lege die Klemmbretter aufeinander. Die Titelseite liegt oben.

③ Stich mit einem spitzen Bleistift oder einer Schere ein Loch durch alle Klemmbretter.

④ Verbinde die Klemmbretter mit einer Musterklammer zu einem Fächer.

⑤ Klebe das letzte Klemmbrett mit der Rückseite auf eine beliebige Stelle deines Lapbooks. Achte darauf, dass die Musterklammer nicht mit festgeklebt wird.

Faltanleitung 39: Minitafeln

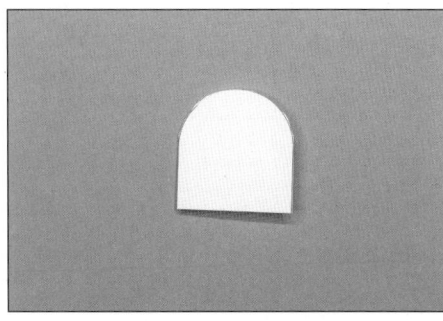

① Schneide die Tafeln an den schwarzen Linien aus.

② Falte jede Tafel an der gestrichelten Linie zusammen.

③ Klebe die Tafeln mit der angegebenen Klebefläche auf eine beliebige Stelle deines Lapbooks.

Tipp: Alle zehn Tafeln passen in Zweierreihen in einen Seitenflügel deines Lapbooks.

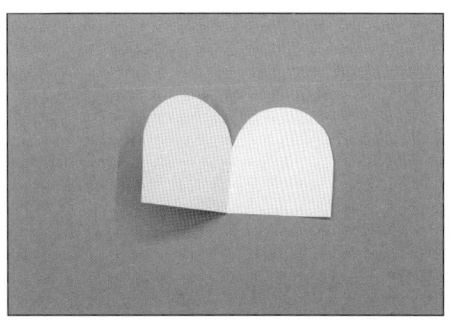

Faltanleitung 40: Diagonales Leporello

① Schneide das Leporello an der schwarzen Linie aus.

② Beginne bei der Klebefläche mit dem Falten. Falte das angrenzende Quadrat an der gestrichelten Linie nach hinten. Falte anschließend wieder das angrenzende Quadrat nach hinten usw. Am Ende liegt das Quadrat mit dem Titel oben und die Klebefläche unten.

③ Klebe das Leporello mit der angegebenen Klebefläche auf eine beliebige Stelle deines Lapbooks.

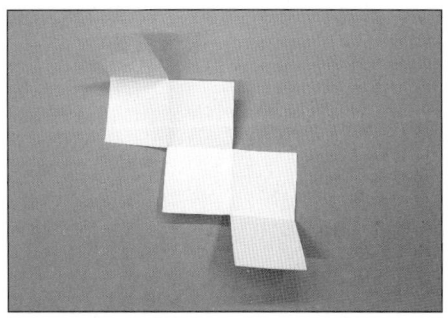

D. Blumhagen / E. Ibrahim: Lapbooks gestalten im Englischunterricht Klassen 5/6
© Auer Verlag

Faltanleitung 41: Vierfach-Klappe

① Schneide die fünf Vorlagen jeweils an der schwarzen Linie aus.

② Falte die vier Klappen an der gestrichelten Linie.

③ Klebe die Klappen auf die dazugehörige Klebefläche.

④ Klebe die Vierfach-Klappe auf eine beliebige Stelle deines Lapbooks.

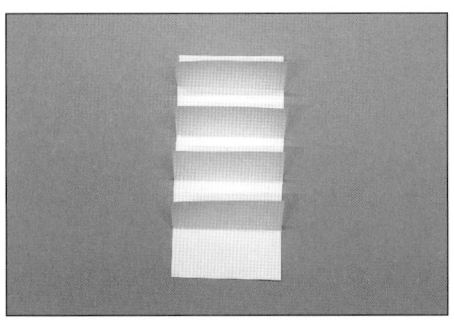

Faltanleitung 42: Doppeltes Flip-Flap

① Schneide die Vorlage an der schwarzen Linie aus.

② Schneide die vier dicken schwarzen Linien ein.

③ Falte die Klappen an der gestrichelten Linie nach hinten und wieder zurück.

④ Klebe das Minibuch mit der Rückseite des mittleren Streifens auf dein Lapbook, sodass die Klappen noch geöffnet werden können.

D. Blumhagen/E. Ibrahim: Lapbooks gestalten im Englischunterricht Klassen 5/6
© Auer Verlag

Faltanleitung 43: Faltquadrat

① Scheide das Quadrat an der schwarzen Linie aus.

② Falte alle vier Dreiecke an den gestrichelten Linien nach hinten.

③ Klebe das Quadrat mit der angegebenen Klebefläche auf eine beliebige Stelle deines Lapbooks.

Faltanleitung 44: Gemeinsamkeiten und Unterschiede

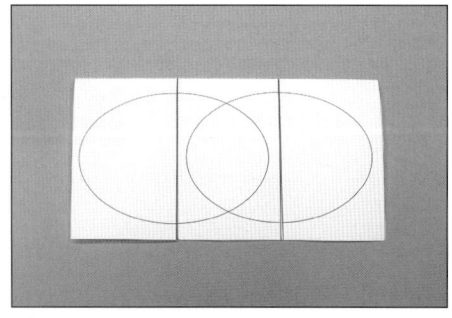

① Schneide die Vorlage an der schwarzen Linie aus.

② Schneide die beiden dicken schwarzen Linien ein.

③ Falte alle drei Klappen an der gestrichelten Linie nach hinten.

④ Schreibe in die mittlere Klappe Gemeinsamkeiten und in die beiden äußeren Klappen Unterschiede zu deinem Thema.

⑤ Klebe das Minibuch mit der angegebenen Klebefläche auf eine beliebige Stelle deines Lapbooks.

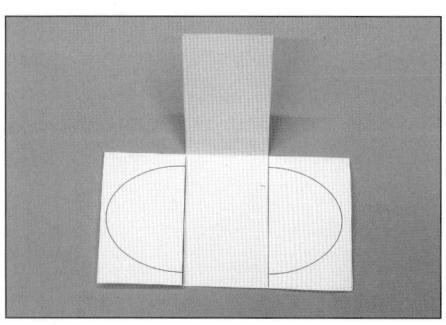

D. Blumhagen/E. Ibrahim: Lapbooks gestalten im Englischunterricht Klassen 5/6
© Auer Verlag